Min tvåspråkiga bilderbok

Kitabu changu cha picha cha lugha mbili

Sefas vackraste barnsagor i en volym

Ulrich Renz • Barbara Brinkmann:

Sov gott, lilla vargen · Lala salama, mbwa mwitu mdogo

För barn från 2 år

Cornelia Haas • Ulrich Renz:

Min allra vackraste dröm · Ndoto yangu nzuri sana kuliko zote

För barn från 2 år

Ulrich Renz • Marc Robitzky:

De vilda svanarna · Mabata-maji Mwitu

Efter en saga av Hans Christian Andersen

För barn från 5 år

© 2024 by Sefa Verlag Kirsten Bödeker, Lübeck, Germany. www.sefa-verlag.de

Special thanks to Paul Bödeker, Freiburg, Germany

All rights reserved.
ISBN: 9783756305476

Läsa · Lyssna · Förstå

Studerande i Swahili språk ...

... kommer att hitta användbara grammatik tabeller i bilagan.

Njut av att lära dig detta underbara språk!

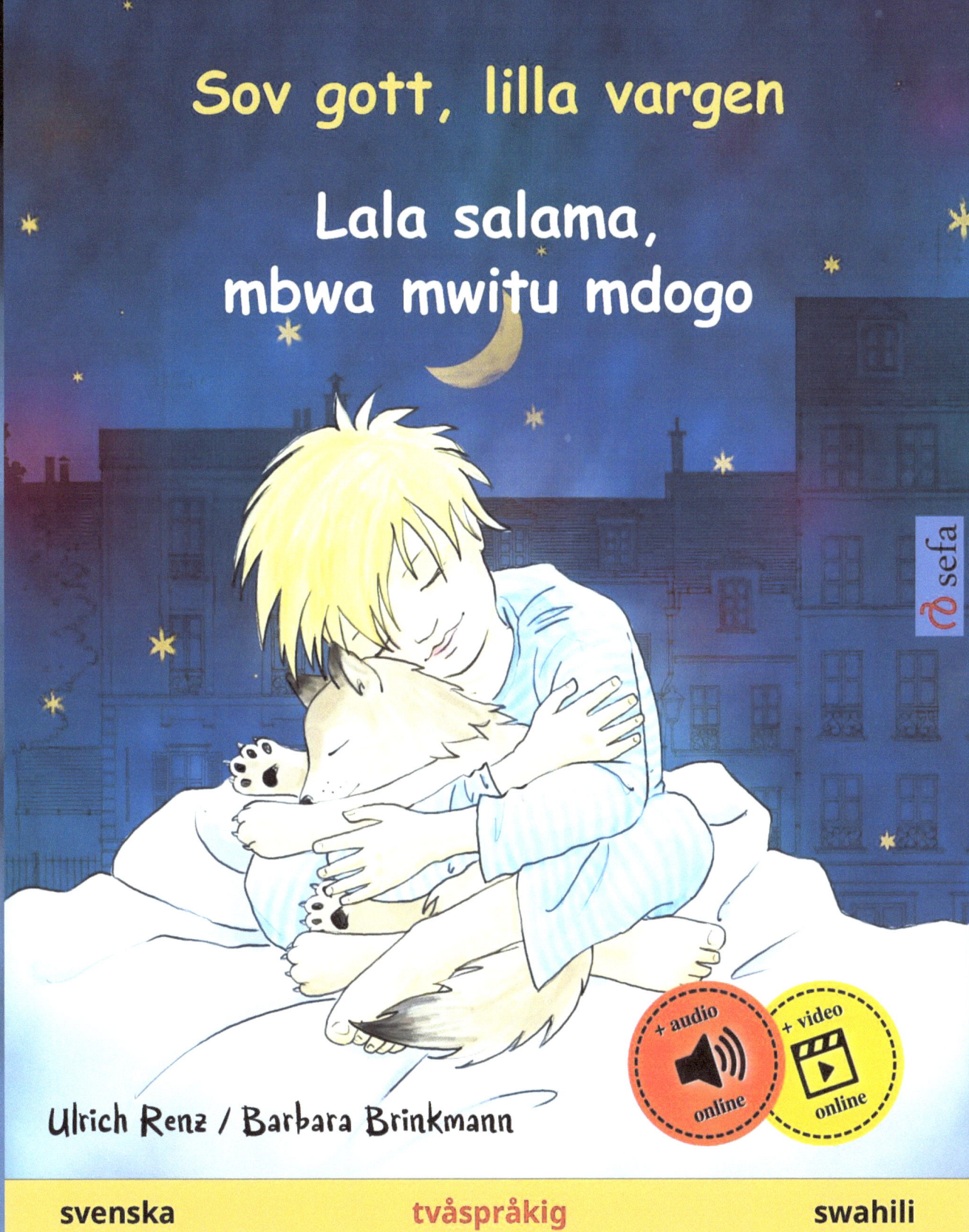

Översättning:

Katrin Bienzle Arruda (svenska)

George Aclay Makasi (swahili)

Ljudbok och video:

www.sefa-bilingual.com/bonus

Fri tillgång med lösenordet:

svenska: **LWSV2831**

swahili: **LWSW2832**

God natt, Tim! Vi fortsätter att leta imorgon.
Sov nu så gott!

Usiku mwema, Tim! Tutaendelea kutafuta tena kesho.
Sasa lala salama!

Det är redan mörkt ute.

Kwa sasa usiku umeingia.

Vad gör Tim där?

Tim anafanya nini pale?

Han går ut till lekplatsen.
Vad är det han letar efter?

Anaondoka kwenda kiwanjani kucheza.
Anatafuta nini pale?

Den lilla vargen!
Han kan inte sova utan den.

Mbwa mwitu mdogo!
Hawezi kulala bila yeye.

Vem är det nu som kommer?

Sasa anakuja nani?

Marie! Hon letar efter sin boll.

Marie! Anatafuta mpira wake.

Och vad letar Tobi efter?

Na Tobi, naye anatafuta nini?

Sin grävmaskin.

Mashine yake inayochimbua.

Och vad letar Nala efter?

Naye Nala, anatafuta kitu gani?

Sin docka.

Mwanasesere wake.

Måste inte barnen gå och lägga sig?
Undrar katten.

Hivi watoto hawahitaji kwenda kulala sasa?
Paka anashangazwa sana.

Vem kommer nu?

Nani anayekuja sasa?

Tims mamma och pappa!
Utan deras Tim kan de inte sova.

Ni mama na baba yake Tim.
Hawawezi kulala bila Tim wao.

Och nu kommer ännu fler! Maries pappa.
Tobis morfar. Nalas mamma.

Wengine wanaendelea kuja! Baba wa Marie.
Babu wa Tobi. Na mama yake Nala.

Nu skyndar vi oss i säng!

Sasa haraka mkalale!

God natt, Tim!
Imorgon behöver vi inte leta mer!

Usiku mwema, Tim!
Hatutahitaji kutafuta tena zaidi.

Sov gott, lilla vargen!

Lala salama, mbwa mwitu mdogo!

Cornelia Haas • Ulrich Renz

Min allra vackraste dröm

Ndoto yangu nzuri sana kuliko zote

Översättning:

Narona Thordsen (svenska)

Levina Machenje (swahili)

Ljudbok och video:

www.sefa-bilingual.com/bonus

Fri tillgång med lösenordet:

svenska: **BDSV2831**

swahili: **sorry, not yet available!**

Min allra vackraste dröm
Ndoto yangu nzuri sana kuliko zote

Cornelia Haas · Ulrich Renz

svenska — tvåspråkig — swahili

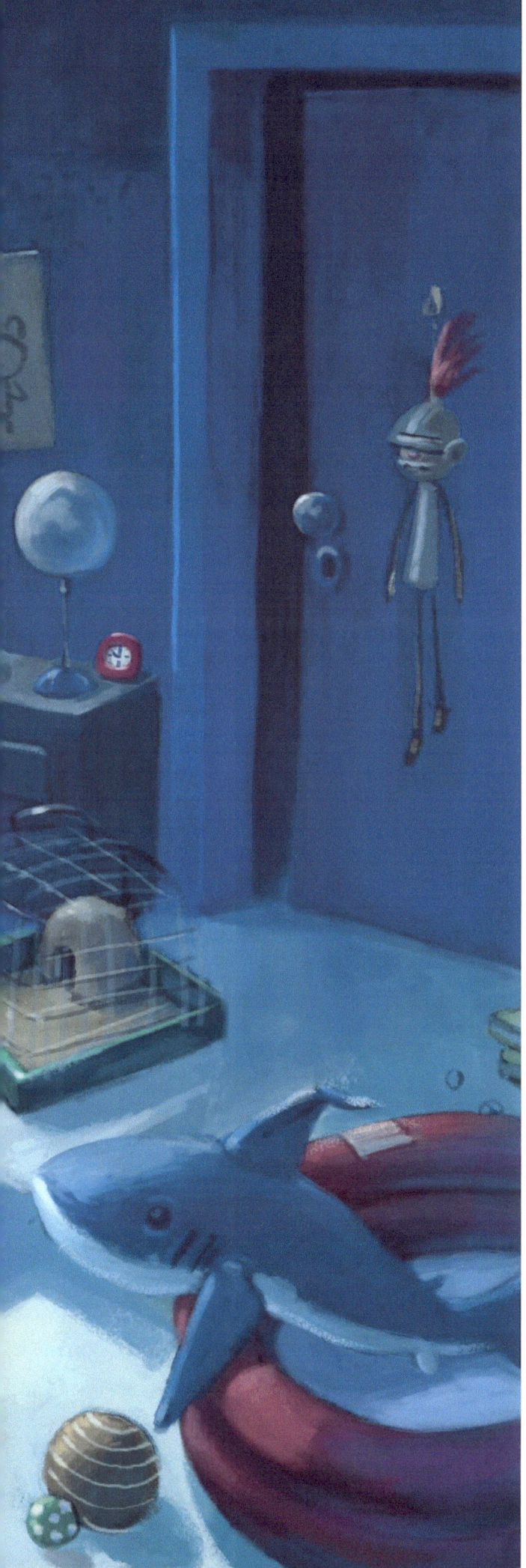

Lulu kan inte somna. Alla andra drömmer redan – hajen, elefanten, den lilla musen, draken, kängurun, riddaren, apan, piloten. Och lejonungen. Även björnen kan nästan inte hålla ögonen öppna ... Du björn, kan du ta med mig in i din dröm?

Lulu hawezi kulala. Wengine wote wanakuwa wanaota sasa – papa, tembo, panya mdogo, dragoni, kangaruu, shujaa, nyani, rubani. Na kitoto cha simba. Hata dubu ana shida kuendelea kufungua macho yake...

Dubu, je, utanipeleka kwenye ndoto yako?

Och med det så finner sig Lulu i björnarnas drömland. Björnen fångar fisk i Tagayumisjön. Och Lulu undrar, vem skulle kunna bo där uppe i träden? När drömmen är slut vill Lulu uppleva ännu mer. Följ med, vi hälsar på hajen! Vad kan han drömma om?

Na kwa hilo, Lulu anajikuta ndani ya nchi ya ndoto ya dubu. Dubu anakamata samaki ndani ya ziwa Tagayumi. Na Lulu anashangaa nani anaweza kuishi huko juu ndani ya miti?

Ndoto inapokwisha, Lulu anataka kutafuta ujasiri mwingine. Haya, twende tumtembelee papa! Anaweza akawa anaota nini?

Hajen leker tafatt med fiskarna. Äntligen har han vänner! Ingen är rädd för hans spetsiga tänder.

När drömmen är slut vill Lulu uppleva ännu mer. Följ med, vi hälsar på elefanten! Vad kan han drömma om?

Papa anacheza mchezo wa kugusana na samaki. Mwishoni anapata marafiki! Hakuna anayeogopa meno yake makali.
Ndoto inapokwisha, Lulu anataka kutafuta ujasiri mwingine. Haya, twende tumtembelee tembo! Anaweza akawa anaota nini?

Elefanten är lika lätt som en fjäder och kan flyga! Snart landar han på den himmelska ängen.

När drömmen är slut vill Lulu uppleva ännu mer. Följ med, vi hälsar på den lilla musen! Vad kan hon drömma om?

Tembo ni mwepesi kama unyoya na anaweza kuruka! Yuko karibu kutua kwenye malisho ya anga.

Ndoto inapokwisha, Lulu anataka kutafuta ujasiri mwingine. Haya, twende tumtembelee panya mdogo! Anaweza akawa anaota nini?

Den lilla musen är på ett tivoli. Mest gillar hon berg- och dalbanan. När drömmen är slut vill Lulu uppleva ännu mer. Följ med, vi hälsar på draken. Vad kan hon drömma om?

Panya mdogo anakuwa anaangalia kiwanja cha burudani. Anapenda zaidi treni ya burudani inayopita kwenye miinuko na miinamo mikali.

Ndoto inapokwisha, Lulu anataka kutafuta ujasiri mwingine. Haya, twende tumtembelee dragoni! Anaweza akawa anaota nini?

Draken är törstig av att ha sprutat eld. Hon skulle vilja dricka upp hela sockerdrickasjön.

När drömmen är slut vill Lulu uppleva ännu mer. Följ med, vi hälsar på kängurun! Vad kan hon drömma om?

Dragoni ana kiu kwa kutema moto. Angependa kunywa ziwa lote la maji ya limau.

Ndoto inapokwisha, Lulu anataka kutafuta ujasiri mwingine. Haya, twende tumtembelee kangaruu! Anaweza akawa anaota nini?

Kängurun hoppar genom godisfabriken och stoppar sin pung full. Ännu fler av de blåa karamellerna! Och ännu fler klubbor! Och choklad!
När drömmen är slut vill Lulu uppleva ännu mer. Följ med, vi hälsar på riddaren. Vad kan han drömma om?

Kangaruu anaruka kuzunguka kiwanda cha lawalawa na kujaza kifuko chake. Hata peremende nyingi za bluu! Na pipi vijiti! Na chokoleti!

Ndoto inapokwisha, Lulu anataka kutafuta ujasiri mwingine. Haya, twende tumtembelee shujaa! Anaweza akawa anaota nini?

Riddaren har tårtkrig med sin drömprinsessa. Oj! Gräddtårtan missar! När drömmen är slut vill Lulu uppleva ännu mer. Följ med, vi hälsar på apan! Vad kan han drömma om?

Shujaa anakuwa na mchezo wa kurushiana keki na binti mfalme kwenye ndoto. Oo! Keki ya malai imekwenda njia isiyo yake!

Ndoto inapokwisha, Lulu anataka kutafuta ujasiri mwingine. Haya, twende tumtembelee nyani! Anaweza akawa anaota nini?

Äntligen har det snöat i aplandet! Hela apgänget är helt uppspelta och gör rackartyg.

När drömmen är slut vill Lulu uppleva ännu mer. Följ med, vi hälsar på piloten! I vilken dröm kan han ha landat i?

Mwishoni theluji imeanguka katika nchi ya nyani. Kikosi chote cha nyani wakawa wazimu na kucheza kama mazuzu.

Ndoto inapokwisha, Lulu anataka kutafuta ujasiri mwingine. Haya, twende tumtembelee rubani! Anaweza akawa anaota nini?

Piloten flyger och flyger. Ända till världens ände och ännu längre, ända till stjärnorna. Ingen pilot har någonsin klarat av detta tidigare.
När drömmen är slut så är alla väldigt trötta och känner inte för att uppleva mycket mer. Men lejonungen vill de fortfarande hälsa på. Vad kan hon drömma om?

Rubani anaruka na kuruka. Mpaka mwisho wa dunia, na hata mbali zaidi, mpaka juu kwenye nyota. Hakuna rubani mwingine aliyeweza kufanya hivyo.

Ndoto inapokwisha, Lulu anataka kutafuta ujasiri mwingine. Haya, twende tumtembelee kitoto cha simba! Kinaweza kikawa kinaota nini?

Lejonungen har hemlängtan och vill tillbaka till sin varma mysiga säng.
Och de andra med.

Och där börjar ...

Kitoto cha simba kina hamu kwenda nyumbani na kinapenda kurudi kwenye kitanda cha joto na starehe.
Hata na wengine.

Na hapa inaanza ...

... Lulus
allra vackraste dröm.

... ndoto ya Lulu nzuri sana kuliko zote.

Ulrich Renz • Marc Robitzky

De vilda svanarna
Mabata-maji Mwitu

Översättning:

Narona Thordsen (svenska)

Josephat William, Joel Muhire (swahili)

Ljudbok och video:

www.sefa-bilingual.com/bonus

Fri tillgång med lösenordet:

svenska: **WSSV2831**

swahili: **WSSW2832**

Ulrich Renz · Marc Robitzky

De vilda svanarna

Mabata-maji Mwitu

Efter en saga av

Hans Christian Andersen

svenska — tvåspråkig — swahili

Det var en gång tolv kungabarn—elva bröder och en storasyster, Elisa. De levde lyckliga i ett underbart vackert slott.

Hapo zamani za kale kulikuwa na watoto kumi na wawili wa mfalme – wavulana kumi na mmoja na dada yao mkubwa, Eliza. Waliishi kwa furaha katika ngome nzuri.

En dag dog modern, och efter en tid gifte sig kungen på nytt. Men den nya kvinnan var en elak häxa. Hon förtrollade de elva prinsarna så att de blev svanar och skickade dem långt bort till ett fjärran land bakom den stora skogen.

Siku moja mama yao alifariki, na muda fulani baadaye mfalme alioa tena. Hata hivyo, mke mpya alikuwa mchawi mbaya. Kwa uchawi aliwageuza watoto kumi na mmoja wa kiume wa mfalme kuwa mabata-maji, na kuwapeleka katika nchi ya mbali sana nje ya msitu mkubwa.

Flickan klädde hon i trasor och smörjde in henne med en ful salva i ansiktet så att den egna fadern inte längre kände igen henne och jagade bort henne från slottet. Elisa sprang in i den mörka skogen.

Alimvalisha msichana matambara na alimpaka mafuta usoni ambayo yalimbadilisha kuwa mbaya sana kiasi kwamba hata baba yake alishindwa kumtambua, na alimfukuza nje ya ngome. Eliza alikimbilia kwenye msitu wenye giza.

Nu var hon helt ensam och längtade efter hennes försvunna bröder med hela sitt hjärta. När det blev kväll bäddade hon en säng av mossa under träden.

Sasa alikuwa peke yake kabisa, na kwa roho yake yote aliwatamani kaka zake waliopotea. Usiku ulipoingia, alijitengenezea kitanda cha nyasi laini chini ya miti.

Nästa morgon kom hon fram till en lugn sjö och blev förskräckt när hon däri såg sin spegelbild. Men efter att hon hade tvättat sig var hon det vackraste kungabarnet på jorden.

Asubuhi iliyofuata alipata ziwa tulivu, na alishtuka alipojiona katika maji. Lakini mara tu aliponawa, alikuwa binti mfalme mrembo sana kuliko yeyote duniani.

Efter många dagar nådde Elisa det stora havet. På vågorna gungade elva svanfjädrar.

Baada ya siku nyingi Eliza alifika katika bahari kubwa. Manyoya kumi na moja ya mabata-maji yalikuwa yakielea juu ya mawimbi.

När solen gick ner hördes ett sus i luften och elva vilda svanar landade på vattnet. Elisa kände genast igen sina förtrollade bröder. Men för att dom talade svanspråket kunde hon inte förstå dem.

Jua lilipozama kulikuwa na mvumo wa sauti hewani, na mabata-maji mwitu kumi na mmoja walitua majini. Eliza mara moja aliwatambua kaka zake waliorogwa. Lakini kwa sababu waliongea lugha ya mabata-maji alishindwa kuwaelewa.

På dagen flög svanarna bort, under natten kurade syskonen ihop sig i en grotta.

En natt hade Elisa en besynnerlig dröm: Hennes mor sade till henne hur hon kunde befria sina bröder. Av nässlor skulle hon sticka en skjorta för varje svan och dra den över den. Men tills dess får hon inte tala ett enda ord, annars måste hennes bröder dö.
Elisa började genast med arbetet. Trots att hennes händer sved som brända med eld stickade hon outtröttligt.

Wakati wa mchana mabata-maji waliruka mbali, na wakati wa usiku walijikunyata pamoja na Eliza katika pango.

Usiku mmoja Eliza aliota ndoto ya ajabu: Mama yake alimwambia jinsi ambavyo angeweza kuwatoa kaka zake kutoka hali ya uchawi. Anapaswa kufuma mashati kwa kutumia upupu unaowasha, kisha kuyatupia juu ya kila bata maji. Hata hivyo, hadi wakati huo alikuwa haruhusiwi kuongea neno lolote, vinginevyo kaka zake wangekufa.
Eliza alianza kufanya kazi mara moja. Ingawa mikono yake ilikuwa inawasha kama vile ilikuwa motoni, aliendelea kufuma bila kuchoka.

En dag ljöd jakthorn i fjärran. En prins kom ridande med sitt följe och stod snart framför henne. När de såg in i varandras ögon blev de förälskade i varandra.

Siku moja mabaragumu ya wawindaji yalisikika kwa mbali. Mwana mfalme akiongozana na msafara wake alikuja akiendesha farasi, na mara alisimama mbele yake. Walipoangaliana machoni, walipendana.

Prinsen lyfte upp Elisa på sin häst och red med henne till sitt slott.

Mwana mfalme alimnyanyua Eliza na kumweka juu ya farasi wake kisha walikwenda pamoja kwenye ngome yake.

Den mäktige skattmästaren var allt annat än glad över ankomsten av den stumma vackra. Hans egen dotter skulle bli prinsens brud.

Mtunza hazina mwenye nguvu hakufurahishwa kabisa na kuwasili kwa msichana mrembo mkimya. Binti yake mwenyewe alitarajiwa awe mchumba wa mwana mfalme.

Elisa hade inte glömt sina bröder. Varje kväll fortsatte hon att arbeta med skjortona. En natt gick hon ut till kyrkogården för att hämta färska nässlor. Samtidigt blev hon hemligt iakttagen av skattmästaren.

Eliza alikuwa hajawasahau kaka zake. Kila jioni aliendelea kufanya kazi ya kufuma mashati. Usiku mmoja alikwenda makaburini ili kukusanya upupu mpya. Wakati akifanya hivyo, alikuwa anatazamwa kwa siri na mtunza hazina.

Så snart som prinsen var på jaktutflykt lät skattmästaren slänga Elisa i fängelsehålan. Han hävdade att hon var en häxa som mötte andra häxor på natten.

Mara tu mwana mfalme alipoondoka kwa safari ya kuwinda, mtunza hazina aliamuru Eliza atupwe gerezani. Alidai kwamba yeye alikuwa mchawi ambaye anakutana na wachawi wengine wakati wa usiku.

I gryningen blev Elisa hämtad av vakterna. Hon skulle brännas på torget.

Alfajiri, walinzi walikuja kumchukua Eliza. Alipaswa kufa kwa kuchomwa moto kwenye uwanja wa jiji.

De hade knappast kommit fram när plötsligt elva vita svanar kom flygande. Snabbt drog Elisa en nässelskjorta över var och en. Snart stod alla hennes bröder framför henne som människofigurer. Bara den yngsta, vars skjorta inte hade blivit helt färdig, behöll en vinge istället för en arm.

Mara tu alipofika pale, ghafla mabata-maji weupe kumi na mmoja walikuja wakiruka kuelekea kwake. Eliza kwa haraka alimtupia kila mmoja wao shati. Muda mfupi baadaye kaka zake wote walisimama mbele yake wakiwa katika hali ya ubinadamu. Mdogo sana tu, ambaye shati lake lilikuwa bado halijamalizika vizuri, alikuwa na bawa badala ya mkono mmoja.

Syskonens kramande och pussande hade inte tagit slut än när prinsen kom tillbaka. Äntligen kunde Elisa förklara alltihopa. Prinsen lät den elake skattmästaren slängas i fängelsehålan. Och sedan firade de bröllop i sju dagar.

Och så levde de lyckliga i alla sina dagar.

Kabla kaka na dada hawajamaliza kukumbatiana na kubusiana kwa shangwe mwana mfalme alirejea. Hatimaye Eliza aliweza kumweleza kila kitu. Mwana mfalme aliamuru mtunza hazina mbaya atupwe gerezani. Baada ya hapo harusi ilisherehekewa kwa siku saba.

Na waliishi kwa furaha muda wote.

Hans Christian Andersen

Hans Christian Andersen was born in the Danish city of Odense in 1805, and died in 1875 in Copenhagen. He gained world fame with his literary fairy-tales such as „The Little Mermaid", „The Emperor's New Clothes" and „The Ugly Duckling". The tale at hand, „The Wild Swans", was first published in 1838. It has been translated into more than one hundred languages and adapted for a wide range of media including theater, film and musical.

Barbara Brinkmann föddes i München (Tyskland) år 1969. Hon studerade arkitektur i München och arbetar för närvarande vid Institutionen för Arkitektur vid München tekniska universitet. Hon arbetar också som grafisk formgivare, illustratör och författare.

Cornelia Haas föddes 1972 nära Augsburg (Tyskland). Efter utbildningen som skylt- och ljusreklamtillverkare studerade hon design vid Münster yrkeshögskola och utexaminerades som diplom designer. Sedan 2001 illusterar hon barn- och ungdomsböcker, sedan 2013 undervisar hon i akryl- och digitalmålning vid Münster yrkeshögskola.

Marc Robitzky, born in 1973, studied at the Technical School of Art in Hamburg and the Academy of Visual Arts in Frankfurt. He works as a freelance illustrator and communication designer in Aschaffenburg (Germany).

Ulrich Renz föddes 1960 i Stuttgart (Tyskland). Efter att ha studerat fransk litteratur i Paris tog han läkarexamen i Lübeck och var chef för ett vetenskapligt förlag. Idag är Renz frilansförfattare, förutom faktaböcker skriver han barn- och ungdomsböcker.

Swahili Noun Class Table (I)

Bantu Noun Class	Person	Subject prefix	Subject prefix negative	Subject / Object Prefix	Possessive pronoun ("my", "your" ...)	"all"
1	1st sing.	mimi	ni	si	ni	-angu	—
1	2nd sing.	wewe	u	hu	ku	-ako	—
1	3rd sing.	yeye	a	ha	m	-ake	—
2	1st plur.	sisi	tu	hatu	tu	-etu	(sisi) sote
2	2nd plur.	nyinyi, ninyi	m	ham	wa / -eni*	-enu	(nyinyi) nyote
2	3rd plur.	wao	wa	hawa	wa	-ao	(wao) wote

* Because -wa is also the object prefix of the 3rd person plural, the suffix -eni is frequently appended for disambiguation

Swahili Noun Class Table (II)

Bantu Noun Class	Class Descriptor	Noun (Example)	Adjective (-zuri)	Adjective (-ema)	Subject / Object Prefix	Genitive preposition (-a)	Possessive -angu -ako -ake -etu -enu -ao	Relative morpheme	-pi? (Which?)	-ngapi? (How many?)
1	m-wa	m-toto	m-zuri	mw-ema	a-/yu-*	wa	wangu	-ye	yupi	/
2	m-wa	wa-toto	wa-zuri	w-ema	wa-	wa	wangu	-o	wepi**	wangapi
3	m-mi	m-ti	m-zuri	mw-ema	u-	wa	wangu	-o	upi	/
4	m-mi	mi-ti	mi-zuri	my-ema	i-	ya	yangu	-yo	ipi	mingapi
5	(ji)-ma	jina	zuri	jema	li-	la	langu	-lo	lipi	/
6	(ji)-ma	ma-jina	mazuri	mema	ya-	ya	yangu	-yo	yapi	mangapi
7	ki-vi	kitabu	kizuri	chema	ki-	cha	changu	-cho	kipi	/
8	ki-vi	vitabu	vizuri	vyema	vi-	vya	vyangu	-vyo	vipi***	vingapi
9	n	habari	nzuri	nyema	i-	ya	yangu	-yo	ipi	/
10	n	habari	nzuri	nyema	zi-	za	zangu	-zo	zipi	ngapi
11	u (concrete)	usiku	mzuri	mwema	u-	wa	wangu	-o	upi	/
14	u (abstract)	umoja	mzuri	mwema	u-	wa	wangu	-o	upi	/
15	ku	kusoma	kuzuri	kwema	ku-	kwa	kwangu	-ko	kupi	kungapi
16	pa	mezani	pazuri	pema	pa-	pa	pangu	-po	wapi****	pangapi
17	ku	mezani	kuzuri	kwema	ku-	kwa	kwangu	-ko	kupi	kungapi
18	mu	mezani	mzuri	mwema	m(u)-	mwa	mwangu	-mo	mpi	mngapi

* e.g., yu- can be seen in the locatives (yupo, yuko, yumo) or demonstratives (huyu, yule). The negative form of yu- is formed regularly (ha-).

** The irregular form *wepi* is used to avoid clashes with the word *wapi* meaning "where".

*** "vipi" is also used as an adverb meaning "how"

**** occasionally: papi

Swahili Noun Class Table (III)

Bantu Noun Class	Class Descriptor	Noun (Example)	Demonstrative pronoun (proximal)	Demonstrative pronoun (medial)	Demonstrative pronoun (distal)	-enye ("having")	-enyewe ("self")	-ote ("all")	-o-ote ("any")
1	m-wa	m-toto	huyu	huyo	yule	mwenye	mwenyewe	—	yeyote
2		wa-toto	hawa	hao	wale	wenye	wenyewe	wote	wowote
3	m-mi	m-ti	huu	huo	ule	wenye	wenyewe	wote	wowote
4		mi-ti	hii	hiyo	ile	yenye	yenyewe	yote	yoyote
5	(ji)-ma	jina	hili	hilo	lile	lenye	lenyewe	lote	lolote
6		ma-jina	haya	hayo	yale	yenye	yenyewe	yote	yoyote
7	ki-vi	kitabu	hiki	hicho	kile	chenye	chenyewe	chote	chochote
8		vitabu	hivi	hivyo	vile	vyenye	vyenyewe	vyote	vyovyote
9	n	habari	hii	hiyo	ile	yenye	yenyewe	yote	yoyote
10		habari	hizi	hizo	zile	zenye	zenyewe	zote	zozote
11	u (concrete)	usiku	huu	huo	ule	wenye	wenyewe	wote	wowote
14	u (abstract)	umoja	huu	huo	ule	wenye	wenyewe	wote	wowote
15	ku	kusoma	huku	hucho	kule	kwenye	kwenyewe	k(w)ote	k(w)okote
16	pa	mezani	hapa	hapo	pale	penye	penyewe	pote	popote
17	ku	mezani	huku	hucho	kule	kwenye	kwenyewe	k(w)ote	k(w)okote
18	mu	mezani	humu	humo	mle	mwenye	mwenyewe	m(w)ote	m(w)omote

Swahili - Order of morphemes ("infixes")

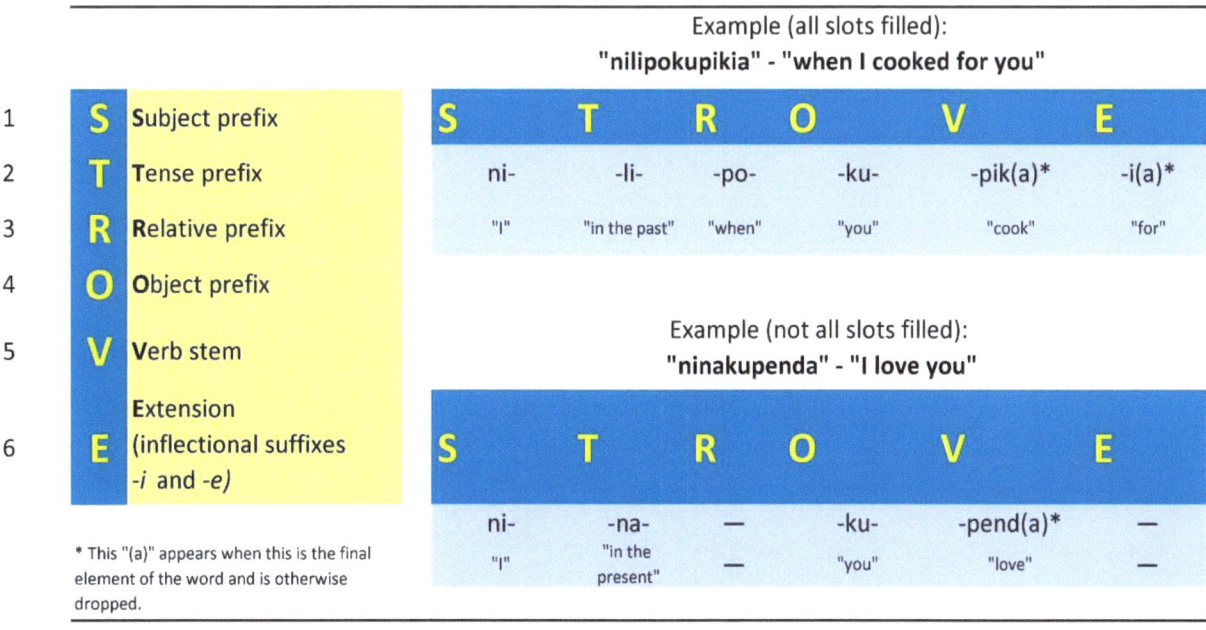

1	**S**	**S**ubject prefix
2	**T**	**T**ense prefix
3	**R**	**R**elative prefix
4	**O**	**O**bject prefix
5	**V**	**V**erb stem
6	**E**	**E**xtension (inflectional suffixes -*i* and -*e*)

Example (all slots filled):
"nilipokupikia" - "when I cooked for you"

S	T	R	O	V	E
ni-	-li-	-po-	-ku-	-pik(a)*	-i(a)*
"I"	"in the past"	"when"	"you"	"cook"	"for"

Example (not all slots filled):
"ninakupenda" - "I love you"

S	T	R	O	V	E
ni-	-na-	—	-ku-	-pend(a)*	—
"I"	"in the present"	—	"you"	"love"	—

* This "(a)" appears when this is the final element of the word and is otherwise dropped.

Gillar du att måla?

Här kan du hitta bilderna från berättelsen för färgläggning:

www.sefa-bilingual.com/coloring